NELLY
NOAH

www.herder.de

Gesamtgestaltung: Nadine Clemens, München
Druck: Graspo, Zlin
Gedruckt auf umweltfreundlichem,
chlorfrei gebleichtem Papier
Printed in the Czech Republic

ISBN: 978-3-451-71455-9

Sabine Zett

Vom Taufen kriegt man nasse Haare

Illustriert von
Evi Gasser

HERDER
FREIBURG · BASEL · WIEN

Hallo, ich bin Ben. Und seit ein paar Wochen bin ich der große Bruder von Nelly und Noah. Sie sind Zwillinge, und das bedeutet, dass die zwei zusammen in Mamas Bauch waren und an demselben Tag geboren wurden. Seit die beiden zu Hause sind, ist bei uns ganz schön viel los. Babys müssen nämlich oft gefüttert und gewickelt werden, und zwischendurch weinen sie. Aber sie schlafen auch viel – mitten am Tag und manchmal nur ganz wenig in der Nacht.
Wenn Nelly oder Noah schreien, halte ich einfach meinen Teddy vor ihre Wiegen und wackele mit ihm hin und her. Ganz oft beruhigen sie sich dann. Mama meint, ich bin ein toller großer Bruder.

Als mich Papa heute aus dem Kindergarten nach Hause bringt, sitzt Mama in der Küche und hat ein großes Fotobuch vor sich liegen. Sie nimmt mich auf den Schoß und zeigt mir die Bilder: »Schau mal, Ben, das bist du als Baby!«
Ich kann mir gar nicht vorstellen, dass ich irgendwann so klein war!
»Wo bin ich denn da? Und was ist das für eine komische Badewanne?«, will ich verwundert wissen.
Mama lächelt. »Das ist ein Taufbecken, und es steht in der Kirche.«
»Wurde ich da etwa gebadet?« Ich schaue Mama erstaunt an.
Papa setzt sich zu uns und schüttelt den Kopf. »Nein, du wurdest getauft. Die Taufe ist ein Zeichen dafür, dass Gott uns beschützt. Am Sonntag werden auch Nelly und Noah getauft.«

Und dann erzählt Mama mir von einem Mann, der Johannes hieß und vor mehr als 2000 Jahren die Menschen in einem Fluss getauft hat, indem er sie im Wasser untertauchte.
»Sobald sie aus dem Wasser stiegen, fühlten sie die Liebe Gottes«, erklärt Mama.
»Müssen die Zwillinge auch im Wasser untertauchen?«, frage ich neugierig. »Dann brauchen sie eine Badehose und Schwimmflügel, damit sie nicht untergehen!«
»Keine Angst«, sagt Mama, »sie bleiben angezogen und bekommen als Zeichen nur etwas Wasser auf den Kopf – und das wird sogar extra ein wenig aufgewärmt.«
Ich bin schon sehr gespannt auf die Taufe.

Ein paar Tage später ist es endlich so weit. »Heute Mittag gehen wir in die Kirche zur Tauffeier«, sagt Papa. »Wir machen uns alle richtig schick, denn es ist ein ganz besonderer Tag.«
»Und was ziehen die Babys an?«, will ich wissen. »Die spucken doch ständig die Milch wieder raus.«
Papa lacht. »Das ist nicht weiter schlimm. Nelly und Noah bekommen ein weißes Taufkleid. Das hat in unserer Familie so Tradition, auch meine Geschwister und ich wurden schon darin getauft. Was möchtest du anziehen, Ben?«
Ich überlege kurz. »Den neuen Pullover mit dem knallroten Feuerwehrauto natürlich! Dann bin ich auch total schick!«

Da klingelt es an der Tür. Noah und Nelly fangen wie auf Kommando an zu schreien und Mama ruft: »Die ersten Gäste kommen! Ich ziehe mich nur schnell um!«
Ich springe die Treppe hinunter, um zu sehen, welche Gäste zuerst gekommen sind.
»Hallo Ben«, begrüßt mich Onkel Henri und wirbelt mich durch die Luft. Tante Lea nimmt meine Schwester hoch und schaukelt sie hin und her. »Wie schön, dass wir heute Taufpaten sind«, sagt sie.
»Taufpaten? Was bedeutet das?«, frage ich neugierig.
»Es bedeutet, dass wir immer für die Kinder da sein und sie beschützen wollen. So wie deine Paten für dich«, sagt Tante Lea. Da muss ich gleich an meine Paten denken, an Tante Susanne und Onkel Frank.

Als wir zusammen an der Kirche ankommen, wartet eine ganze Menge Leute auf uns.
»Wollen die alle auch zur Taufe?«, wundere ich mich, und Mama nickt. »Ja, Familie und Freunde feiern mit uns zusammen.«
Sobald wir alle begrüßt haben, kommt auch der Pfarrer zu uns.
»Ben, kannst du mir vielleicht helfen, die beiden Taufkerzen zum Altar zu bringen, die deine Oma mitgebracht hat?«, fragt er.
Klar kann ich das, ich bin doch schließlich der große Bruder!
Ich nehme die weißen Kerzen entgegen, auf denen ein bunter Regenbogen zu sehen ist. Mama hat mir erklärt, dass der Regenbogen für die Verbindung zwischen Gott und den Menschen steht.
»Und was sind das für Buchstaben?« Ich zeige Oma die Wörter auf den Kerzen.
»Das sind die Namen deiner Geschwister«, sagt Oma lächelnd.

NELL
NOAH

Als großer Bruder darf ich in der ersten Reihe sitzen – zwischen Mama und Papa mit den Zwillingen.
Noah wird ein wenig unruhig, und ich kann irgendwie spüren, dass er gleich anfängt zu quengeln. Schnell greife ich in Mamas große Tasche und hole meinen Teddy raus.
»Pst ... Teddy und ich sind bei dir. Ist doch nur ein bisschen Taufe, alles gut«, flüstere ich und zeige ihm den Bären. »Und außerdem habe ich zur Sicherheit noch die Schwimmflügel in Mamas Tasche gepackt.«
Und tatsächlich beruhigt sich mein kleiner Bruder und nuckelt zufrieden an seinem Schnuller.
Dann geht der Taufgottesdienst los. Der Pfarrer begrüßt uns alle, wir sprechen ein Gebet und singen ein paar schöne Lieder. In der Reihe hinter mir sitzt Opa und singt zwar laut, aber total falsch. Ich muss deshalb ganz leise kichern, und auch Nelly fängt an, lustige Glücksgeräusche von sich zu geben.

Dann gehen Tante Lea und Onkel Henri nach vorne und lesen einen Text vor. So langsam wird mir langweilig. Onkel Jürgen hat Glück. Während ich still sitzen bleiben muss, rennt er ständig herum, um viele Fotos zu machen, die wir den Zwillingen zeigen können, wenn sie größer sind. Dann höre ich plötzlich meinen Namen: »Lieber Gott, beschütze Nelly, Noah und Ben und schenke ihnen viel Freude im Leben.«
Ich winke Tante Lea zu und finde, dass sie das sehr schön gesagt hat.
Das Taufbecken steht neben dem Altar und sieht wirklich wie eine kleine graue Badewanne aus. Ich frage mich, wie die Babys da gleichzeitig hineinpassen sollen.

Dann dürfen wir endlich aufstehen, und es wird richtig spannend: Wir stellen uns alle um das Taufbecken herum, und die Paten nehmen die beiden schlafenden Zwillinge auf den Arm.
Nach einem Gebet darf ich dem Pfarrer helfen, die Taufkerzen anzuzünden. »Sie stehen für das Licht, das Gott uns auf allen Wegen zeigt«, erklärt er.
Dann soll Tante Lea meinen Bruder über das Taufbecken halten. Doch das klappt überhaupt nicht. Noah reißt die Augen auf, spuckt wütend seinen Schnuller aus und fängt an zu brüllen. Damit weckt er Nelly auf, und die beiden schreien um die Wette.
Mann, sind die laut!
Jetzt versteht niemand mehr den Pfarrer.
»Mama, soll ich nicht vielleicht doch die Schwimmflügel holen? Die trauen sich bestimmt nicht«, flüstere ich.
Mama lacht und meint: »Nein, nein, sie werden ja nicht untergetaucht, sondern werden darübergehalten und bekommen nur ein paar Wassertropfen auf die Haare.«

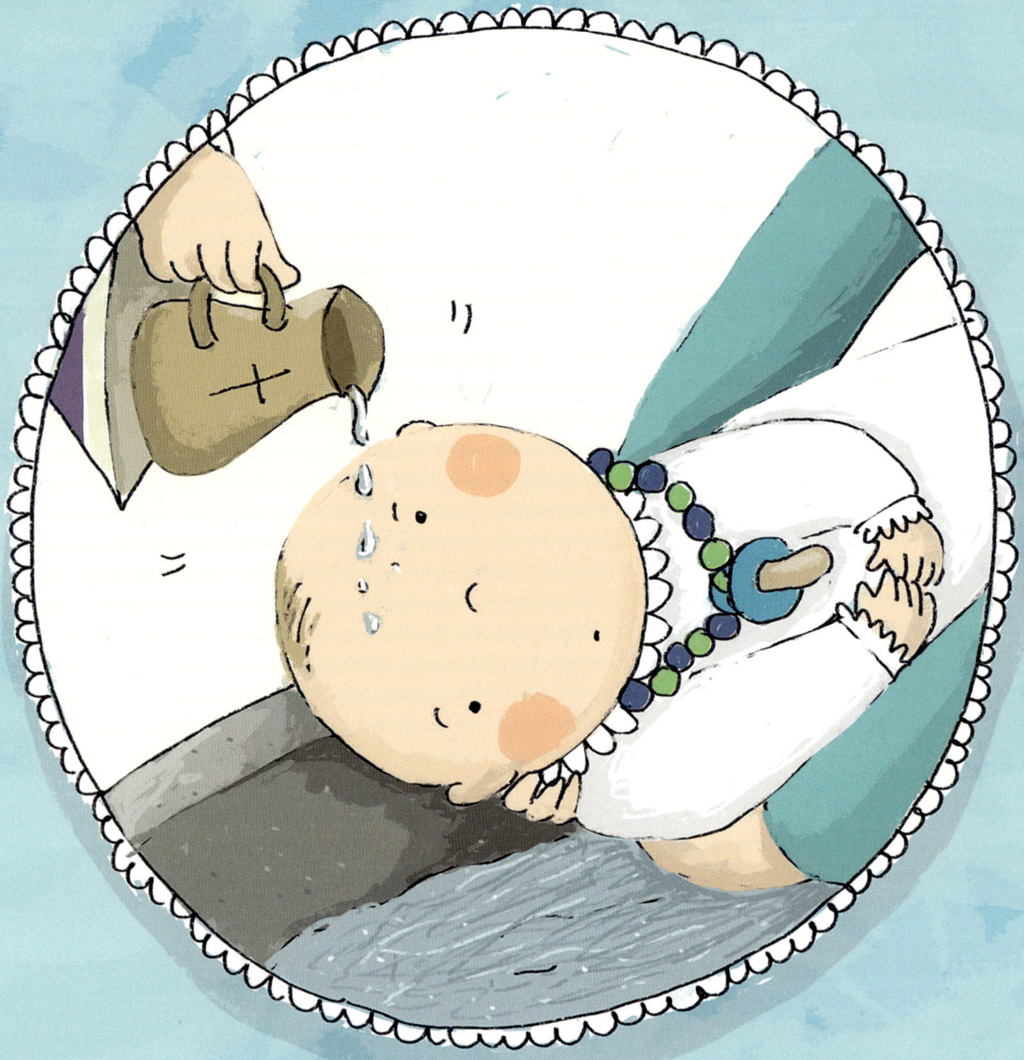

Als Noah sich wieder beruhigt hat, gießt der Pfarrer ganz vorsichtig etwas Wasser über seinen Kopf. »Ich taufe dich im Namen des Vaters, des Sohnes und des Heiligen Geistes«, sagt er dazu.
Mein Bruder bleibt ganz ruhig, also scheint ihm die Kopfwäsche nichts auszumachen.

Aber dann ist Nelly dran und der gefällt es gar nicht, dass da jemand Wasser über ihre Haare schüttet, denn sie brüllt schon wieder los.
»Ich glaube, Nelly wird nicht so gern ins Schwimmbad gehen, wenn sie größer ist«, überlege ich laut, und alle lachen.
Zum Glück dauert es nicht so lange, und Papa trocknet schnell die Köpfe meiner Geschwister ab.
»Jetzt gehören auch Nelly und Noah zu Gottes großer Familie«, erklärt der Pfarrer.

Sobald die Taufe zu Ende ist, schlafen die Zwillinge wieder ein.
»Ben, trägst du noch mal die Kerzen?«, fragt Oma nach dem Abschlusslied. »Wir werden sie gleich beim Essen auf den Tisch stellen und anzünden. Das haben wir bei deiner Tauffeier auch so gemacht.«
Natürlich übernehme ich so eine wichtige Aufgabe gerne.
Zu Hause bringe ich Teddy zurück in mein Zimmer. Dem wird der ganze Trubel nämlich allmählich zu viel.
Im Wohnzimmer sitzen alle um den großen Tisch herum, auf dem ganz viele Schüsseln mit Essen stehen. Es riecht so gut, und ich habe richtig Hunger! Mama sagt, dass ich ihr nach dem Essen helfen darf, die Taufgeschenke der Zwillinge auszupacken. Ich habe von meiner Patentante auch ein Geschenk bekommen – obwohl heute gar nicht meine Taufe und auch nicht mein Geburtstag ist!

NELLY
NOAH

Als alle Gäste gegangen sind und Nelly und Noah friedlich in ihren Wiegen schlafen, darf ich in meinem Zimmer noch etwas spielen. Ich male einen großen Regenbogen und lege das Blatt auf den Spielteppich. Dann setze ich mich mit meinem Teddy auf den Boden. »Wurdest du auch schon mal getauft?«, frage ich ihn. »Ich weiß jetzt nämlich, wie das geht.«
Ich hole eine kleine Plastikschüssel mit Wasser und stelle sie auf den Tisch. »Du brauchst einen Taufanzug«, sage ich zu meinem Bären und ziehe ihm ein weißes T-Shirt von mir an.

Dann nehme ich die Giraffe und den Hasen von meinem Bett. Sie sind die Taufpaten von Teddy. »Keine Angst, ich nehme nur ein paar Tropfen Wasser, damit dein Fell nicht zu nass wird«, beruhige ich Teddy. »Aber falls du doch wasserscheu bist, ziehen wir dir die Schwimmflügel an.« Und schon kann die Taufe losgehen.